The Wee Book o' Scottish Mindfooness

by Susan Cohen an' Ewan Irvine

FORTH BOOKS

Susan Cohen an' Ewan Irvine are auld pals, both therapists who bide in the bonnie city o' Edinburgh. They wurk wi' individual clients an' run wurkshops fur groups.

www.scottishmindfooness.com

First published in the UK in 2016 by
FORTH BOOKS
www.forthbooks.co.uk
Reprinted 2017, 2019

Text copyright © 2019
Susan Cohen & Ewan Irvine

Illustration copyright © 2019
Rowena Aitken www.rowenaaitken.com

Paperback ISBN 978-1-909266-07-0
E Book ISBN 978-1-909266-08-7

A CIP record of this book is available from the British Library.

Printed and bound by MBM Print SCS Ltd, Glasgow

Tak' A Keek Inside

Let's Git Crackin'

~

Git Intae the Here an' Noo

~

Let Go, Ye're a Lang Time Deid

~

Keep the Heid

~

Look Aroond Ye, It's Pure Dead Brilliant

~

Afore Ye Go…

Let's Git Crackin'

NAE MAIR RACIN' CHASIN'
MIDDENS IN YER HEID

Sumtimes, dae ye no' jist git a wee bit scunnered wi' it a'? Dus it no' jist git a wee bitty much? A' thae 'phones, a' thae gadgets, a' thon stramash, a' thon runnin' aroond like a mad bawheid? A' thit graspin', a' thit guddle, a' thit racin' chasin' aroond efter yer ain bahoochie? Jings! Whit a carfuffle! Wadin' through thae middens is enough tae dae yer nut in! It can turn yer heid intae mince.

Come oan! Whit's it a' fur?

NAE NEED TAE GO YER DINGER

It dusnae huv tae be like thit! Naw, naw! Dinnae go yer dinger. Jist chill yer beans! There'll aye be sumthin' tae nip yer napper.

Wi' a wee bitty practice, ye'll learn tae calm yer heid richt doon wheniver ye want. Be cannie an' couthie wi' yersel. Tak' time oot fur a bitty heid wurk ivry day, an' ye'll be braw. Jist braw.

DINNAE FASH YERSEL'

Aye, wur minds are a'ways foo'. Sumtimes they're sae foo', it can feel as if wur heids are burstin' wi' thoughts tryin' tae drive us pure mental! Weel, yer thoughts arenae real sae dinnae let them tak' o'er. Crivvens! If ye did a'thing yer heid telt ye, ye'd go doolally! Naw, dinnae git yer knickers in a twist. Dinnae fash.

GIE IT LALDIE!

Put this wee book in yer pootch an' use it ivry day. Pick a page o' heid wurk - whichiver taks yer fancy. A' o' them are well handy, a' o' them will mak' ye feel like ye're livin' in the here an' noo. Dinnae try tae force things, 'cos it maks nae odds. A' ye hae tae dae is coorie doon an' watch whit's gaun' oan, withoot ony blethers tae yersel'. Jist let yer thoughts an' yer feelin's come an' go.

Dae ye ken thit ye can easy sort yer heid oot? Aye, yer brain can change an' in nae time at a', ye'll be giein' it laldie! Jist dae yer heid wurk ivry day an' watch yersel' go! Nae mair racin', chasin', feartie, stressy middens a' burlin' aroond inside yer heid.

Tak' time oot ivry day tae be mindfoo', the Scottish way.

HEID DOON, ERSE UP – LET'S GIT OAN WI' IT

Afore ivry bit o' heid wurk, park yer erse in a comfy chair… focus oan yer breathin'… oot an' in… oot an' in… feelin' the air flowin' intae yer body… sittin' richt up straight… a' positive an' confident like… wi' yer' haunds oan yer knees… yer palms facin' richt up tae the ceilin'… openin' up tae a' thon braw energy aroond ye… focusin' oan the risin' an' the fallin' o' yer chist… bringin' ye richt intae the here an' noo… an' when ye're ready… close yer een an' focus on yer day's heid wurk…

Aye, let's git crackin'.

Git Intae the Here an' Noo

A WEE STORY
– HER FAV'RITE TIME O' NICHT

It's jist after supper an' a wee wifie's sittin' by the fire, haudin' a cup o' tea in her haunds. She's jist hud her fav'rite white puddin' supper oot o' the paper frae the chippy 'roond the corner an' her fav'rite telly programme's aboot tae start.

'Och, crackin'!', she thinks tae hersel', 'ah wunnder whit'll kick auf the nicht doon thon Street?' She's a' cooried doon but afore she kens it, her mind starts wanderin'.

Soon her broos are doon.

She starts thinkin' o' thit wee wifie next door who a'ways dus her hooverin' at stupit o'clock an' she says tae hersel', 'She better no' mak' this racket tonicht when ma programme's oan!'

She starts thinkin' o' thit gadgie doon the road who still hasnae fixed thon burglar alarm an' she says tae hersel'. 'thon woo-woo-wooin' better nae start when ma programme's oan!'

She starts thinkin' o' thae weans who hang aroond the bus stop 'til the middle o' the nicht an' she says tae hersel', 'they better no' kick auf when ma programme's oan!'

Afore lang, she goes intae a dwalm, no' e'en realisin' thit her thoughts huv turned intae a racin', chasin' stramash. Aye, she's auf oan wan. Big time.

'Whit are they weans daein' oot efter dark onyway? Whit kind o' parents huv they got? When ah wis wee, ah got a clip 'roond the lug frae ma Da if ah wis e'en five minties late… ach, ma Da wis nivver there though, wis he?… he wis a'ways doon the pub blootered… ma poor Ma, she hud tae cope wi' a' ma brothers an' sisters oan her ain…'

Noo the wee wifie's proper ragin'! Her cup o' tea's cauld in her haunds, an' she's e'en missed the start o' her fav'rite programme!

But haud oan! She's bin hijacked by her ain heid an' dragged oot o' her comfy, cosy front room. She's caught up in a richt stooshie yet it's jist her ain thoughts which are nippin' her napper. Withoot bein' aware, she's let thoughts go oan the radge, disturbin' her peace.

Dinnae let thit happen tae ye. Git intae the here an' noo. Be mindfoo' o' the wurkin's o' yer ain heid.

HEID WURK – JEELY PIECE

Close yer een fur ye're aboot tae imagine thit ye're gaun tae hae the best jeely piece ye've iver hud. Aye, the best jeely piece o' yer life. Noo, whit dus it remind you o'? When ye were wee? When yer Ma packed up yer piece an' stuck it in yer pootch fur playtime? When ye went oan a picnic? When ye went oan yer hols? When ye sit doon fur a fly cup an' naebody's aboot? Aye, aye. Whit's it like? Is it made wi' plain or pan? Whit kind o' jam? Bramble? Raspberry? Is the butter spread a' o'er the slices – jist the way ye like it? Imagine takin' a bite an' huvin' the saft jammy buttery bread in yer gob. Ooooh, it's sae guid, ye tak' anither bite. Noo, jist remember whit went intae thit jeely piece.

A' the grains an' the bakin' o' the saft bread… a' the fruit an' the bilin' o' it tae mak' such braw jam… a' the milk an' cream thit stirred slowly tae mak' the goldie butter… an' jist remember a' the care thit goes intae puttin' it a' taegither. Think o' how the jeely piece is feedin' yer body, makin' its way tae yer belly, giein' ye energy, giein' ye strength. An' it a' comes frae Mither Nature. She's the wan keepin' ye goin' a' through yer days. Aye, she kens a thing or twa. Wuid ye jist notice the difference when ye stop tae appreciate things ye often tak' fur granted? Aye, jist tak' a guid look. When ye daunder a bit o'er sumthin' as ordinary as a jeely piece it stops bein' sae ordinary.

It changes intae sumthin' special. Jist think how mony special wee mauments ye cuid huv ivry day if ye took yer time an' appreciated stuff a bit more, lookin' at it a' through diff'rent een.

Afore ye ken it, yer life wuid be made up a' sorts o' special wee mauments, makin' ye feel more alive. Jings! Thit'd be jist crackin'.

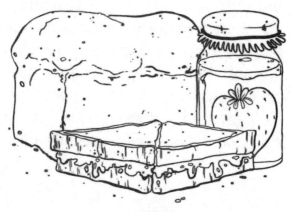

Time tae imagine thit ye're walkin' across a Heilan' moor foo o' heather as far as yer een can see. Ye're aware thit ye're walkin' in the footsteps o' yer ain kin o' auld, across thae gently rollin' hills which go oan fur miles an' miles an' which hiv stayed the same fur hunners an' thoosands o' years. Thae hills haud their ain secrets an' jist fur a few minties, they've let ye in. Aye, yer luck is in today. Yer senses are pure jumpin' as ye breathe in the musky scent o' the heather, the luckiest plant oan earth, the wan thit forms a thick carpet o'er wur lands. As it begins tae cry yer name, ye slow richt doon an' pick a bonnie spot fur a seat.

Ye tak yer boots an' socks auf an' put yer feet doon among the white floo'ers, a' saft an' comfortin' like. Ye feel the heather between yer taes, like thon folds o' a saft blanket. As ye lie back, ye feel yer body sinkin' intae the welcomin' silky velvet. As ye look up, ye see the white clouds driftin' slowly by, giein' ye glimpses o' bricht blue sky way up high. Jist like the clouds, ye ken thit yer thoughts an' feelin's will drift their ain way past. A' ye huv tae dae is lie back an' watch them go by. Ye're safe doon here, in Mither Nature's arms.

Whit a feelin', richt here, richt noo.

Imagine ye're oan the back green, sittin' in the deck chair lookin' up at thon big yellow ba' in the sky. It's early summer an' the sun's oot! It's a braw day. Ye tak' yer shoes an' socks auf an' feel thae blades o' grass between yer taes. The grass is a wee bitty damp but it's a' wairm an' saft an' refreshin' oan yer tired wee trotters which huv bin traipsin' a' o'er the place a' week lang. O'er the garden fence, there's the chatter o' the neighbours an' the happy scufflin' an' scamperin' o' their wee scabby dug. Aye, a'body's happy the day, e'en the dug! Ye sit back oan the deck chair an' feel the wairmth on yer semmit, seepin' a' the way through tae yer bones.

Thit feels sae guid, ye wunnder whither it's the furst day o' the year ye can tak yer tap aff. Och aye. Why no'? Gaun yersel'! Taps aff!! Och, thit's stoatin! Ye're richt intae the swing o' it noo an' ye e'en bend doon tae roll yer troosers up aroond yer knees. A' o' a sudden ye're feelin' wairm a' o'er. Yer body's glowin' an' ye huv a muckle great smile a' o'er yer fizzer. Ye're at one wi' Mither Nature in yer back green. Ye close yer een an' ye breathe in the wairm, fresh, clean air… in an' oot… in an' oot. In thit maument, in thit wairm, free, clear maument ye feel nothin' but calm peacefoo' contentment.

It's guid tae be alive in the here an' noo.

HEID WURK – TARTAN COLOUR BATH

Time tae imagine ye're sittin' in yer fav'rite bonnie spot somewhaur ootdoors. Whaur is it? Up a hill? Oan a beach? In the park? Oan yer back green? Wheriver it is, sit there an' calm yer heid doon, clear yer thoughts, an' focus on yer breathin'. Feel the air flowin' oot an' in… oot an' in… braw! Wi' ivry breath oot, a' yer worries are leavin' ye… ye're gitting' mair an' mair relaxed… an' ye ken thit a strange thing is aboot tae happen… ye're aboot tae be bathed in bonnie colours, in thae earthy colours o' Scotland's huntin' tartans... imagine a' thae colours afore ye – they're a' dancin'.

Furst auf, breathe in thon bonnie colour red which comes frae the earth. Feel yon colour red flowin' richt through ye. Feel the way it gies ye strength an' courage. Allow the strong, brave red tae flow a' the way through ye, a' the way up tae the tip o' yer heid an' back doon agin tae the tips o' yer taes, flowin' oot o' ye an' doon intae the earth. An' noo the golden yellow o' the tartan starts tae flow through ye, lifting ye up, giein' ye confidence an' clearin' yer heid. Allow the upliftin', confident yellow tae flow a' the way through ye, a' the way up tae the tip o' yer heid an' back doon agin tae the tips o' yer taes, flowin' oot o' ye an' doon intae the earth.

Aye, thae colours of Scotland's huntin' tartans huv made ye feel braw. Noo imagine thit ye're sittin' there in yer fav'rite spot bathed in pure white licht. It glows a' aroond ye, bringin' ye peace an' happiness. Ye ken ye're couthie an' safe, protected by the purity o' thon glowin' white licht.

Noo, isn't thit jist grand?

HEID WURK – HAUF TIME PIE

Close yer een an' imagine thit ye're staundin' oan thae fitba' terraces Saturday efter Saturday an' sum days, it's a'most tae much. The day, ye've cried yersel' hoarse, yellin' at yer team tae git their erses intae gear. An' it's only the start o' the season! Crivvens. Still, it's a'most hauf time an' ye start headin' up thae steps fur yer hauf time pie. Ye climb thae steps slowly an' start tae notice thit wi' ivry step up, ye're becomin' mair an' mair aware o' leavin' yon numptie goalie behind ye, leavin' yon clown o' a refuree behind ye an' leavin' yon eejit fancy dress mascot behind ye. Ye're becomin' mair an' mair aware o' bein' oot o' the hoose fur the efternoon, no' huvin' tae dae the gardenin', wash the motor or trail 'roond thae shops.

This is yer ain special time. Aye, it's nae sae bad. Ye staund in the queue at thon cubby hole an' watch the faces o' the fans. Sum o' them are still ragin' aboot the furst hauf, but sum o' them are the same as ye. They're suddenly a' calm an' quiet like, slaiverin' o'er the thought o' their hauf time pie, smellin' the bakin', feelin' the wairmth o' thae ovens. As ye reach the front o' the queue an' tak' thon pie in yer haunds, ye feel a sense o' sheer Scottish joy. Ye're fair janglin'. Oan thon cauld day, ye feel the heat in yer fingers an' ye feel yer tongue tinglin' an' ye smell the fresh baked gold! As ye put the hauf time pie in yer gob, the taste is sae guid it gits yer heid swimmin' an' yer heart jumpin'. Whit a treat!

Nothin' else matters. Ye're havin' a beezer o' a time richt there. Naw, ye cannae dae onythin' aboot whit happens oan the pitch, but ye can enjoy this maument – scoffiin' yer hauf time pie in yer ain wee world, in purfect peace. As ye finish yer last bite, ye scrunch up the poke an' put it in the bin. Slowly, wan by wan, ye gaun back doon thae steps. Wi' ivry step doon, ye feel mair an' mair relaxed until ye gaun back tae yer fav'rite spot oan thae terraces. Ye put yer haunds in yer pootches an' smile.

Nae matter whit the score, whit a braw day tae be richt here, richt noo.

HEID WURK – THISTLE AMONG THE DAFFIES

Imagine thit ye've parked yer erse doon oan the saft grass in a country park. It's a braw spring day an' ye've wangled sum time auf yer wurk tae tak' the air an' put yer feet up. Thae hi-vizzers frae the Cooncil huv bin oot in their van an' the park's lookin' awfy bonnie, awfy tidy like. The bins huv bin emptied an' the benches huv bin scrubbed clean. Weans are playin', burdies are cheapin' an' squirrels are scamperin'. The grass has hud its furst cut o' the year an' the daffies huv come oot in carpets as far as yer een can see. The bonnie yellow floo'ers are the same bricht yellow colour as yer fav'rite brand o' butter. Aye, a'thing's lookin' dandy.

Mind ye, there is yon thistle o'er there - staundin' oot in a bed o' bonnie yellow daffies. It's nae supposed tae be there, is it? A' thae hi-vizzers must've missed it. If they'd seen it, they wuid huv cut it doon an' thrown it oan the compost. But there it is. Staundin' tall an' spikey an' proud, the thistle's diff'rent frae a' thit surroonds it, yet it dusnae care. It is whit it is. As ye look at it closely, ye see its beauty. Its lang, strong, straight stalk… its spikes keepin' it safe, warnin' wee beasties tae stay awa'… its saft curlin' leaves… its purple floo'ers facin' the sky. It's proud, it's tough an' it stands oot frae the rest. It's wur national floo'er an' nae wunnder.

Drink in the beauty o' sumthin' ye see ivry day, think o' it an' whit it means. It'll tak' ye richt intae the here an' noo.

Mindfooness Colouring...

Crayons Oot!

Let Go, Ye're a Lang Time Deid

A WEE STORY – THE WRANG BUS

There wis a gadgie who used tae meet his pals at the same time ivry week fur a game o' bowls. Come rain or hail, they'd a' staund aroond an' blether their efternoon awa'. It wis braw.

Wan day, fur the furst time iver, they got their heids taegither an' planned tae meet fur a big nicht oot oan the randan. They wur tae catch the bus an' heid auf intae the toon fur a curry an' a bevvy. The big nicht arrived an' the gadgie stood at the bus stop fur lang enough, but nane o' his pals wur tae be seen. He waited an' waited, hoppin' frae fit tae fit, but still naebody appeared. At last, he gave up an' traipsed auf hame. He wis fumin'! Whaur were they eejits? Why did they no' wait fur him? That wis it, he wis offski!

The morn', his pals called him tae cry,
*'whaur were ye? We couldnae find
ye! We hud a stoatin' time an' we've
a' got sair heids the morn'!'*
'Whit?' cried the gadgie,
'But ah waited an' waited.'
'Ye must huv got the time wrang!'
said his pals.
'Naw, ah didnae,' said the gadgie.
'Aye, ye must huv,' said his pals.
'Naw, ah didnae,' said the gadgie.
'Aye, ye must huv,' said his pals.

An' oan an' oan.

The gadgie went intae a fankle which
lasted fur the next week…an' the next
month… an' the next year… until he
nivver saw his pals agin. An' a' o'er
the time o' a bus!

Who cares who wis wrang, an' who wis richt? The gadgie lost his pals an' his bowls 'cos he nivver let it go.

Dinnae git yer knickers in a twist o'er sumthin' thit really dusnae matter. Come oan! Ye're a lang time deid.

HEID WURK - PUTTIN' THE SHOT
INTAE THE LOCH

Imagine yersel' staundin' straight an' strong, dressed in yer kilt an' yer semmit, nuzzlin' a smooth, heavy roond shot unner yer chin. Ye're staundin' oan a pebble beach at the side o' a bonnie, still loch, the sun sparklin' o'er the water. Ye git ready tae putt the shot an' as ye crouch doon, ye feel a surge o' thon stoatin' Scottish energy. It's energy like nae ither. Puttin' yer back intae it, ye jump up an' putt the shot wi a' yer micht, watchin' it heid straight fur the middle o' the loch. As ye staund there wi' yer arm stretched oot in front of ye, balancin' oan wan fit, yer kilt still swingin', ye watch the shot drop straight intae the middle o' the loch, disturbin' its stillness, makin' waves. Ye watch as the waves move in circles o'er the surface, deep in the middle an' mair shallow as they move taewards the loch's edge. Like yer mind, the loch can be disturbed by sumthin' it didnae expect. Och, it wis fair taken by surprise. Yet it wis a' richt. A' the loch did wis allow the waves tae mak' their ain way, centring aroond the shot, choppy at furst, but wearin' themselves oot 'til eventually they went doon tae nothin', lappin' against the edges whaur the water becomes still agin. An' thit's a' ye huv tae dae in yer heid. Jist let thae choppy waters become still agin. They soon wear themselves oot an' a'thing becomes calm agin.

Aye, let a' yer cares wash o'er ye. They'll a' calm doon in their ain time. Nae danger.

HEID WURK - WALKIN' DOON THE FAIRWAY

Close yer een an' imagine ye're staundin' at the furst tee wi' yer fav'rite club in yer haunds. It's a braw day an' ye huv a clear view o' the flag. Ye waggle an' shoogle yersel' intae thit position, the wan like a deid proper pro, an' ye tak yer best swing. Wuid ye nae credit it? Ye've only gaun an' skited the ba' o'er the fairway an' straight intae the rough. A' yer mates are huvin' a richt guid laugh. 'Aye, aye, thit wis rubbish!' ye say. Sae ye daunder o'er tae whaur ye think the ba' ended up an' hack aboot wi' yer club, swingin' it as if ye were yon Tarzan gadgie. Efter whit seems like foriver, ye find yer ba' an' huv anither go. Ye waggle an' shoogle yersel' intae position an' this time ye use yer fav'rite iron. Wuid ye nae credit it?

Ye've only gaun an' hit the ba' high this time, straight intae the bunker. A' yer mates are huvin' a hoolie noo. 'Aye, aye, thit wis rubbish, sae it wis,' ye say. Ye'll huv tae git rid o' this run o' bad luck. But whit tae dae? Ye step oot o' the rough an' ontae the smooth grass o' the fairway. As ye start tae walk, ye focus straight ahead o' ye… ye start tae feel yersel' being propelled forward like… an' start tae coont yer steps… wan by wan… sure enough, sumthin' strange starts tae happen tae ye. Wi' ivry step, ye feel mair relaxed, mair focused oan the next shot. Wi' ivry step, ye're thit much further awa' frae yer bad shot. Ye're leavin' it behind, ye're lettin' it go. Yer game is gaun tae improve the day.

Aye, each an' ivry time ye focus oan whit's comin' next rather than whit's jist bin an' gone, ye're gaun tae be a winner!

HEID WURK
– FLY FREE WI' THE GOLDEN EAGLE

Think o' yersel' sittin' by the edge of a thick forest o' Scots pine. It's spring time an' there's jist bin a wee shower o' rain. There's a fresh, sweet smell o' pine in the air an' as ye breathe in, the energy o' the tall, strong trees fills up yer lungs, makin' ye sit taller, makin' ye feel brighter an' mair alive. Aye, thit feels guid. As ye turn aroond an' look oot o'er open fields, ye see the most magnificent sicht. Way up high, ye see a huge bird soarin' on the wairm breeze. As it comes closer, ye see thit it's a golden eagle. It fair taks yer breath awa' It's the master o' a' it surveys. Its big strong wings are stretched oot wide, carryin' it upwards, iver upwards.

As ye watch mair closely, ye feel its power drawin' ye in until ye feel thit ye can soar up intae the blue sky yersel'. Ye suddenly feel yersel' flyin', swoopin' an' swurlin' beside the eagle. Ye feel its power an' ye feel it's freedom. Ye can fly wheriver ye want. Stretchin' below ye are the bonnie braw lands o' Scotland, its lochs an' glens, its hills an' mountains, its moors an' rivers. Far below ye tae is the busy racin', chasin' stuff o' yer life. Frae way up here, yer worries seem awfy sma' an' yer stressy cares seem far awa'. Noo thit ye're able tae see things frae way up high, yer heid feels clear an' free.

Aye, tak' the time tae fly wi' the golden eagle. It's guid tae view things through diff'rent een.

HEID WURK - DAEIN' THE DISHES

Time tae imagine it's Sunday efternoon an' a'body's chock a block foo efter a big dinner. They're scattered a' o'er the hoose. The weans are playin' wi' thae electronic gadgets, yer Granny's asleep in the corner, the dug's oot in the back green, an' a'body else has parked their erses doon oan the sofa tae watch thon film thit ye've a'ready seen at the picture hoose. An' who's gaun tae dae a' thae dishes? Ye look aroond the kitchen an' start ragin'! Me again? A' thae dishes on ma own? Whit aboot a'body else? As ye fill the bowl wi' soapy water, ye start tae dunk the plates in wan by wan an' watch them git a' clean, stacked up oan the side a' neat an' tidy. But ye're still ragin'!

Ye hate daein' dishes… an' then ye start thumpin' up the thinkin'… 'a'body else has ducked oot o' the job'… 'ah prefer pie an' beans tae thon Sunday roast onyway'… 'ah'll huv indigestion a' nicht lang'… 'wuid ye look at thon mauchit kitchen flair?'… oan an' oan… yer broos are doon an' ye're fizzin'. Thae thoughts in yer heid are makin' sae much clatter, ye canna e'en hear a'body shoutin' fur ye, wantin' ye tae come through an' coorie doon wi' them. Ye dinnae e'en notice thit ye've done a' thae dishes in record time! Yer radge's lik' rocket fuel! An' as ye staund at the sink, ye tak' a deep breath an' pull the plug. As ye watch the soapy water drain awa' doon the plug hole… roond an' roond … roond an' roond… doon an' doon… doon an' doon… ye notice thit yer fumin' thoughts are drainin' awa' wi' the spent water. They're daein' nae guid in yer heid! Like the water, they're nae use tae man nor beast, sae jist watch them disappear. An' like the sink, yer heid suddenly becomes a' shiny an' clean, empty an' clear, ready tae start afresh a' o'er again.

Let a' yer tormentin' thoughts jist drain awa'. Thit's the way tae go.

HEID WURK – YE'LL HUV HUD YER TEA

Remember when ye were wee? When yer Ma an' yer Granny a'ways sorted a'thing o'er a cup o'tea an' a jammy dodger? Sumtimes, yer Ma an' yer aunties wuid git taegither an' dae a wee fortune telling frae thae tea leaves an' thit's how they kent thit wur Betty's new wean wuid be a boy. Aye, there wis a'ways sumthin' magic aboot a nice cup o' tea.

Oan thae days when ye got in frae school efter gittin' drookit oan the walk hame or when next door's scabby wee dug wis nippin' at yer ankles agin in yer wee short breeks, ye'd watch yer Ma pour the tea intae the cup. Ye'd be sae happy, ye'd huv a big glaikit grin a' o'er yer fizzer. The steam wuid rise an' wi' it, yer cares wuid disappear.

Ye'd git a' cooried doon oan the big armchair wi' yer cup o' tea in yer haunds. The rich broon drink wuid a'ways calm ye doon, fill ye wi wairmth an' gie ye strength. Ye'd blaw o'er the rim o' yer fav'rite cup, puffin' yer cheeks richt oot like a piper. Wi' each breath oot, yer cares wuid leave ye. Wi' each breath in, ye'd be filled wi' rare happy feelin's.

Breathe oot yer cares an' yer worries. Jist let them go.

HEID WURK
– WAVES O'ER THE ISLAND SHORE

Use yer imagination tae see yersel' walkin' o'er the coral shore of Scotland's rare island jewel, the Isle o' Skye. It's a bonnie blue day an' the sun is shinin' high o'er yer heid. Wi' ivry step ye tak' across the white smooth coral, ye feel mair an' mair relaxed. Wi' ivry step ye tak', ye walk further an' further awa' frae a' yer cares, leavin' them far, far behind ye. Ye see the breadth o' the coral shore open up in front o' ye. Ye breathe in the fresh sea air an' begin tae feel licht-headed, a'most as if ye huvnae git a care in the wurld. Ye hear the saft lap-lap-lappin' o' the waves as they wash o'er the smooth white stanes an' ye feel the cool o' the sea as it bathes yer bare feet. Ye feel as if ye cuid walk fur miles an' miles.

Ye keep gaun until ye reach a smooth sandy spot at the end of the bay an' sit doon, takin' the weight auf yer pins. As ye look oot tae sea, ye start tae focus on the waves an' notice thit thae waves are drawin' oot. The tide is gaun oot an' wi' it, a' yer cares an' wurries are heidin' oot tae sea. Ye're sae happy here, sae contented thit ye wait 'til day turns intae a braw bricht moonlicht nicht. The moon shines o'er the shore, makin' it glisten an' shine. Ye walk back an' pick up a piece o' shiny white coral, akin tae a worry ye huv in yer heid. Ye notice as ye throw yon coral intae the sea, yer worry goes wi' it an' sae ye carry oan pickin' up an' throwin'... pickin' an' throwin'... 'til yer heid is clear.

Aye, thit feels jist stoatin'.

Mindfooness Colouring...

Crayons Oot!

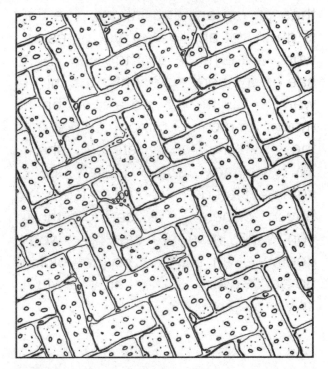

Keep the Heid

There wance wis a gadgie who waited fur a while oan a pier up oan the West Coast. He wus huvin' a braw time watchin' the bonnie wee fish swimmin' in the sea 'til his wee boat arrived. Efter a while, the wee boat got tae him an' he hopped aboard an' chugged o'er tae a wee island.

He bantered wi' the boatman an' wance they reached the pebble beach, he jumped o'er the side an' waded ashore. He hud a wee daunder, smiled tae a'body aboot an' hud a blether wi' the owner o' the wee shop whaur he bought a sweetie. He waded back tae the boat an' thit nicht, he went oot tae the pub.

Later oan thit same day, anither gadgie waited on the pier 'til the wee boat arrived, stampin' his feet an' gittin' mad aboot the wait. He turned his back in the huff wi' the boatman an' whinged aboot gittin' his feet wet jumpin' intae the water. He got himsel' intae such a lather thit' his broos were well doon.

He didnae e'en notice he wis oan an island, let alone whither there wis onybody aboot. He went intae the shop an' moaned aboot the price o' the sweeties an' finally, he waded back tae the wee boat, moanin' aboot the saund between his taes. He chugged back tae the mainland a' thrawn an' crabbit. Thit nicht, he headed fur the same pub.

The barman said,
'How wis yer day, lads?'.
'Braw' wis one reply.
'Rubbish' wis the ither.

Haud oan! Baith gadgies hud the same day. Whit wis the difference? Wan decided he wis gaun tae huv a guid day, nae matter whit. The ither didnae bother - his heid wis mince. How ye gang aboot yer days is a choice! Mak' the richt wan!

HEID WURK – IRON BREW BUBBLES

Imagine yer mind bein' jist like a glass o' iron brew sittin' oan the windae sill, in the braw, bricht sunshine. Yer glass is foo' an' the drink is a' orange an' bonnie an' sparklin' in the licht. As ye sit there an' watch, a few wee bubbles gather at the bottom o' the glass an' start tae float up an' up, jist like yer thoughts. As ye watch, thae bubbles rise tae the surface an' stay there awhile. Then they burst, escapin' intae thin air, jist like yer thoughts a' random, a' unexpected, a' wi' their own rhythm. Aye, sure enough, the langer the glass sits still, open tae the air, nae sae mony bubbles rise an' the iron brew starts tae glisten calm an' still. It's a' jist like the wurkin's o' yer heid. The langer ye let it alone, the fewer thoughts bubble up an' clutter yer mind. Sae jist sit there awhile, a' comfy an' cosy like, an' watch yer still, clear mind in the bonnie sunshine, sparklin' wi' colour, foo' o' promise an' wi' thit, ye'll feel a' clear wi' a sense o' peace an' calm.

Och aye, let yer thoughts bubble awa', they'll soon fizz oot leavin' ye feelin' grand.

Castin' yer line intae the river is sumthin' ye've practiced fur years an' ye're guid at it. Naw, ye're pure dead brilliant at it! But ye huvnae had as much as a bite a' day. Thae fish are hidin' an' noo, ye're gittin' cauld. Jings, ye've bin staundin' there foriver! The water's up o'er yer knees an' it's started tae rain. Ye're starvin' an' ye've furgotten yer saundwiches. Ye've no' e'en got a wee flask o' tea. Noo, yer wellies are startin' tae leak. Och, ye're gittin' wet frae the tap doon, an' the bottom up. It's nae use. This fishin' is meant tae be relaxin' but it's gittin' yer goat noo. Yer thoughts start ragin' an' chasin' aroond yer heid... 'ah could've bin at hame in front o' the telly!'... 'thae wellies cost me a fortune!'... 'ah bet ah end up wi' the 'flu, staundin' aroond freezin' ma erse auf'… oan an' oan… oan an' oan. Thing is, ye're still staundin' in the flow o' the water, lettin' nature mak' its ain way aroond aboot ye. Ye're still surrounded by pure beauty, peace an' quiet. But in yer heid, there's a ragin', chasin' midden. Sae, whit tae dae? It's plain tae see. Git oot o' yer heid an' intae the wurld. Be at wan wi' the peace an' quiet thit surrounds ye.

Let the wurld play its part in remindin' ye o' its beauty an' o' yer place in it. It'll calm ye doon an' let ye git oot o' thae middens in yer heid.

It's only a game, they say. Only a game!! They dinnae ken whit they're talkin' aboot. Only a game indeed! It's aboot yer team, it's aboot yer pals, it's aboot yer life! Ivry Saturday, ye use yer energy tae git behind yer players, shoutin' an' screamin' an' goin' yer dinger. Win, lose or draw, they're yer team an' thit's nivver gaun tae change, but whit if jist wance ye managed tae staund back frae a' the stooshie? Whit wuid happen if jist wance ye managed tae keep the heid, nae matter whit happened oan the pitch? Aye, ye'd gie it big licks if yer team scored, but whit if they didnae? Maybe, if ye jist managed tae staund well back noo an' then, ye'd huv a diff'rent view. Maybe ye'd see thit yer tears an' yer fears an' yer rants an' yer raves dae nothin' but nip yer heid. When a'body aroond aboot ye is losin' it an' giein' it merry hell, ye'll soon see thit bein' able tae staund back gies ye the wider view. Ye'll soon see thit staundin' back frae a' thit ragin' mental midden gies ye the chance tae see things as they are. Winnin' an' losin' is a' part o' the ebb an' flow o' the game. Winnin' an' losin' is a' part o' the ebb an' flow o' life.

If ye keep the heid, ye'll git through a' o' it wi' a big grin a' o'er yer coupon, nae bother.

HEID WURK - GRANNY'S KNITTIN'

Aw, tak' yersel' back tae thae days when ye sat in front o' the fire, yer Granny wi' her knittin' oan her knee. She may huv bin the talk o' the steamie but och, she wis awfy guid at her knittin'. As ye sat there a' wairm an' toasty, watchin' the flames in the fire an' listenin' tae the click-clack-click-clack o' the knittin' needles, ye kent thit she'd a'ways be in time, a'ways steady. If she drapped a stitch, she jist kept the heid an' picked it up agin. Nae fuss, nae bother, nae probs. Yer Granny kent whit she wis daein'. O'er the years, yer Granny's haunds turned tangled yarns intae braw patterned clathes tae keep ye wairm in the cauld dark o' winter.

Her haunds kept wurkin' strong an'

steady, until ivry job wis done, movin'on tae the next. Like yer mind, ye can develop a steady persistence, takin' oan ivry job, nae matter how tangled it looks. Like yer Granny's knittin', the bonniest patterns can come frae the most tangled o' yarns.

Granny wis niver wrang. Keep the heid, keep at it.

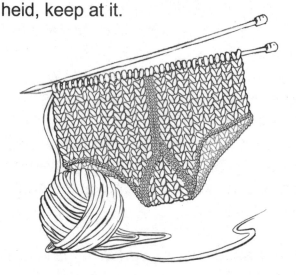

Time tae imagine thit yer sittin' oan the bonnie bank o' a clear, sparklin' river. The water's ebbin' an' flowin' an' ye're huvin' a stoatin' time. Ye're sittin' a' comfy an' quiet like, watchin' the sun glintin' o'er the water. It's such a braw day there's nae need tae e'en hae a waterproof tae haund. Fur a change, the sky is a bonnie clear blue. Ye're a' wairm. Aye, it's sae wairm, ye e'en hiv yer cardi auf - wan o' them days. As ye watch the water, there's a sudden splash! A muckle great salmon leaps oot, richt o'er on the ither side o' the river. An' then anither. Big, bonnie, strong, glistenin' dappled rainbow fish they are, makin' their oan way upstream. Anither leaps, an' then anither. An' a' ye dae is sit back an' watch wi' a glaikit grin a' o'er yer fizzer. How lucky are ye tae be seein' a' this? Like yer thoughts, the river hus its ain flow, movin' at its ain pace. Jist like yer thoughts, ivry sae often sumthin' breaks free an' leaps oot, disturbin' the peace, disturbin' the flow. Sumtimes whit breaks free is beautiful an' excitin', sumtimes no' - but it's maks nae odds. Nae matter whit, it's a' natural an' it's a' part o' the way o' things. A' ye can dae is sit back an' watch. Pit yer feet up, stretch oot an' let ivrythin' flow. Jist like yer heid, accept the unexpected 'cos it'll a' jist come an' go in its ain time. It'll a' jist flow.

Aye, relax intae the natural way o' things. Keep the heid.

Use yer imagination tae tak' yersel' tae the heid o' a grand, bonnie Glen wi' gently slopin' sides, covered in purple heather stretchin' as far as yer een can see. Aye, its beauty fair taks yer breath awa'. At the foot o' the Glen is a wide, slow river gently flowin' at its ain pace, windin' its ain way tae a blue shimmerin' loch far, far in the distance. Settle doon oan the saft groond an' enjoy the wairm sun, smell a' the perfumes an' feel a wee breeze oan yer fizzer. It's a braw day an' ye're lovin' it. There's naebody aboot tae gie ye grief, nae gadgets buzzin' in yer lugs, nae cars zoomin' aboot, there's nae e'en ony midgies in thon heathery glen.

Mind ye, in thon still silence, there's a soond o' sumthin' happenin', sumthin' aboot tae change. Sure enough, whit ye see is pure dead brilliant. Doon wan side o' the Glen comes a Royal stag. Jings! Wuid ye look at thit? It's thon Monarch o' the Glen! It walks slowly an' a' confident, like. It hauds its heid proud wi' its antlers high, like a crown oan a King's heid. It's sae close, ye can coont the twelve points oan its antlers. The stag's rich broon coat is shinin' an' bristlin' in the sun. Its big broon een are turned taewards ye wi a quiet kinship. Whit a rare sicht. Whit a rare day.

Whit smashin' things can happen when ye sit back an' relax, when ye least expect it.

Mindfooness Colouring...

Crayons Oot!

Look Aroond Ye, It's Pure Dead Brilliant

A WEE STORY
– WHEN THE LECCY GANGS OOT

There wis wance a wee gadgie who wis gaggin' tae put his feet up efter an awfy week. He was fair doon in the mooth. A'thing had gaun wrang. His boss hud gaun oan the radge, sum bampot hud scraped his motor an' his twintub hud broken doon. Naw, it hudnae bin a guid week. He'd bin up tae high doh an' noo he wis feelin' wabbit.

On Friday nicht, he opened his front door an' breathed a sigh o' relief. He wis hame! Crivvens, he needed a wee bit o' peace an' quiet. He slipped oan his baffies an' switched oan a' four bars o' the fire. This wis nae time tae coont the pennies, it wis pure baltic!

He went intae the scullery an' put his steak pie in the pinger. In a few minties, he'd be a' cooried doon, scoffin' his fav'rite supper in front o' the telly. Jings, he couldnae wait! Suddenly, a'thing went dark. The leccy hud gaun oot! His pie wis cauld, the hoose wis freezin' an' he couldnae see a thing. He couldnae credit it. Efter such a boggin' week, a'thing wis still gaun wrang!

He foutered aboot 'til he laid his haunds oan thae candles left o'er frae Hogmanay's hootenanny. He lit them an' put them in ivry corner, stubbin' his taes, cursin' an' swearin'. Wance he finished, he perked his erse doon in his armchair an' shook his heid.

'The wurld's agin me this week, right enough!' he thought.

As he sat back an' looked aroond, sumthin' struck him richt between the een a' o' a sudden. A'thing aboot him had gaun a' peacefoo' like. There were nae gadgets… nae telly… nae nothin'- jist the silent flickerin' o' candles castin' bonnie dancin' shadows a' o'er the walls. Och, it wis amazin'. It looked jist like a cosy wee Heighlan' bothy.

By gittin' oot o' his burstin' heid and intae his front room - focusin' oan whit he hud, instead of whit he hudnae - the gadgie ended up huvin' a magic nicht.

If ye stop an' tae a guid look aroond ye, ye'll see it's pure dead brilliant.

HEID WURK – AN ALIEN FRAE
BEYOND CASTLEMILK

Jist close yer een an' imagine fur a maument thit ye're frae somewhaur far far awa', further awa' than yon Chateau au Lait. Imagine thit ye're an alien frae anither planet an' thit ye've jist landed yer flyin' saucer in Scotland. As ye peek oot o' yer wee windae, the beauty thit surroonds ye hits ye between yer dark roond alien een. Ye clamber oot, slide doon the shiny metal an' plant yer wee webbed feet oan the saft heather. Ye look up at thae clouds in the blue, blue sky an' feel the saft breeze oan yer green scaley alien skin. Ye breathe fresh, clean air fur the very furst time an' it maks ye feel foo o' energy. It brings a big, braw smile tae yer wee alien fizzer. Ye tak' a guid lang look at a' thae purple thistles an' thae goldie broom bushes in foo' bloom wi their bonnie bricht colours. Ye see awa' in the distance high rollin' hills which change in the licht. An' whit's thit ye hear? Sumbudy sumwhaur is playin' the bagpipes. Haw! Tae yer wee alien lugs, this is sumthin' new. The sound o' the pipes seeps a' the way intae yer wee alien heart, stirrin' the depths o' yer soul. Thing is, a'thing is new tae ye here an' a'thing is special. It's a' jist pure dead brilliant. But jist think fur a maument - whit it wuid be like if ye saw things ye tak' fur granted ivry day through alien een? Ye'd feel the same! Yer senses wuid be on fire!

Each an' ivry maument wuid be special, each an' ivry maument wuid tak yer breath awa'. An' why no'? The days o' wur lives are special.

Start lookin' at a'thing wi' brand new alien een an' ye'll soon see thit a'thing's full o' wunnder. A'thing's special.

HEID WURK - LOOK, MAMMY! AH'M FLYIN'!

Imagine ye're staundin' knee deep in the lang grass at the foot o' a bonnie green glen. Ye can see fur miles frae here. The sun's shinin' doon oan tae the tap o' yer heid an' ye're bathed in wairmth. There's naebody aroond an' ye can feel the saft whoosh-whoosh o' the wairm breeze as it blaws the lang grass in wide green waves. Ye can see the purple o' the thistles an' the saft green o' the Scots pines. Ye feel relaxed an' at peace but in thit maument, ye start tae hear noises, real happy noises high o'er yer heid. They're quiet at furst, like but they start tae git a wee bitty louder. Whit's gaun oan? It sounds like folk are huvin' a hoolie! As ye look up, ye see the weirdest thing iver. Ye can see a whole load o' folk flyin' free as burds.

They're a' whoopin' an' swirlin' an' laughin' an' shoutin'. Ye can tell frae doon here thit they're the happiest folk ye've iver seen an' in thit maument, ye really, really want tae be wi' 'em. It looks pure dead magic up there! Sae ye stretch yer arms up tae the sky an' start tae summon o' thon Scottish energy. It's energy like nae ither an' it starts tae dae the most amazin' thing. It starts tae lift ye auf the groond, slow an' steady like 'til ye're flyin'! Aye, ye huv a'thing ye need tae fly free as a burd. Alang wi' yer new pals, ye're soarin' an' glidin' an' flyin' an' laughin'. Ye can go wheriver ye want an' ye can dae onything ye want.

Whit a big wurld it is oot there fur ye richt noo. It's a' jist pure dead brilliant.

HEID WURK – RAINBOW O'ER THE CLYDE

Imagine thit ye're oot fur a walk wan day. Ye're stoatin' alang the side o' the Clyde, takin' in the grand view o' the Armadillo. Ye're huvin' a braw time. Suddenly, the sky turns thon shade o' grey lik' gunmetal an' the rain comes doon in stair rods. Ye've furgotten yer rainmac an' yer Ma's foldin' brolly an' noo ye're aboot tae git soaked. Aye, turns oot ye git fair drookit. Och, ye jist keep on walkin', though a'body else runs fur cover. It's nae cauld an' onyway, wance ye're wet, there's nae way o' gittin' wetter! Within a few minties, the rain goes auf, thae clouds clear an' the sun comes oot. As ye look up tae the sky, ye feel the wairmth oan yer wet fizzer an' see a big bonnie rainbow stretchin' frae wan side o' the Clyde tae the ither.

The colours o' the rainbow shine bricht – red, orange, yellow, green, blue, indigo an' violet. Jings! Whit a sicht. It wis worth the soakin'. Staundin' by the river in yer ain wee puddle, ye feel a sense o' wunnder at thon sicht stretchin' afore ye an' ye feel lucky at bein' the wan drookit wee soul still staundin' aroond tae see it.

Life in a' its colours. Isn't it pure dead brilliant?

HEID WURK - PIPE BAND

Imagine thit ye're part o' a pipe band, wan o' the best pipe bands in the wurld. Ye're a' gaggin' tae tak' part in a big procession an' there are hunners o' folk linin' thae streets. They've a' come oot tae watch ye. A' o' yer bandmates are wearin' their best Heilan' gear an' their kilts are a' swingin'. Whit a braw sicht! A'body's practised like dafties fur this day. Noo, they're foo o' pride as they pull taegither tae mak' the best music iver an' tae march in time behind Big Tam, the Drum Major. As yer bandmates start up thae drones o' their pipes, ye tak' up yer instrument – the big Bass Drum. Ye balance it oan yer shooders an' hook the sheepskin drumsticks o'er yer haunds. Ye're staundin' tall an' strong an' oan Big Tam's order, ye start tae march.

Richt… left… richt… left… richt… left… in purfect time. As ye start tae bang the big Bass Drum, a'body listens tae ye 'cos ye're the heartbeat o' the band. Ye gie the band a pulse, ye gie it energy an' yer beat is strong, steady an' positive. It's yer drummin' thit maks the music come alive. As ye march in front o' the crowd, a'body claps an' cheers as yer bandmates march an' play in time tae yer beat. Ivry note, ivry footstep, ivry swing o' the kilt is special. Yer senses are jumpin' an' ye feel oan fire! Gaun yersel'.

Pure dead brilliant, sae ye are.

Imagine thit ye're makin' yer porridge oan the stove as usual, stirrin' it wi' yer spurtle roond an' roond... roond an' roond... pourin' it intae a bowl an' shovin' it intae yer gob, the same as ivry morning. Ahhh, whit a braw start tae the day. Except this day is diff'rent. This day ye feel as if ye've stirred magic intae yer mornin' porridge 'cos wi' each spoon ye start tae feel a wairmth aroond yer body. The porridge is makin' ye feel a' cosy an' toasty inside an' this mornin', ye realise thit a'thing thit went intae makin' thit porridge wis special ... yer oatmeal... a wee drop o' salt... a wee drop o' milk... sssssh, a wee sprinkle o' sugar... a wee dod o' honey... It a' came frae Mither Nature an' noo it's feedin' yer body, giein' ye energy.

When ye step ootdoors, a' wrapped up in yer duffel coat an' yer balaclava, ye can feel yer magic porridge jist gie ye thit wee bitty extra energy. Ye feel sae guid this mornin', ye look a'body in the een as ye daunder doon the street, cryin' 'guid mornin' tae ye!'. A'body looks back at ye an' sees sumthin' special. Yer magic porridge has made ye glow wi' energy. It's comin' auf ye like a Heighlan' mist. People are smilin' at ye, cryin' 'guid mornin'!', haudin' doors open fur ye, clappin' ye oan the back an' a' becos ye're givin' oot this golden glow. Day ifter day, ye eat yer magic porridge an' soon yer life changes. Yer glow attracts a' sorts o' guid things yer way an soon yer swimmin' in a' sorts o' opporchancities ye nivver e'en knew existed!

Aye, the energy ye give oot comes richt back tae ye. Noo, isn't thit jist pure dead brilliant?

Jist imagine thit ye've bin far awa' an' noo ye're comin' hame at lang last. Use yer five senses tae focus oan a'thing thit's special aboot hame an' allow them tae seep a' the way through ye, a' the way doon intae yer very bones. Focus on thae tastes o' hame… a big fizzy glass o' iron brew oan a rare hot day… a' sweet an' strong… a haggis supper last thing at nicht… a' tasty an' hot… a poke o' tablet in yer pootch… a' sweet an' sticky… a plate o' Granny's clootie dumplin' in front o' the fire… a' fruity an' smothered in cream. Focus on thae smells o' hame… the sweet, crisp air o' the hills oan a braw, clear day… the scent o' the bonnie purple heather when it's rich floo'ers in full bloom… the fresh cut grass o' the park late in the summer wi' the butterflies dancin'… the smell o' the wool o' yer tartan rug as ye lay it flat doon oan the groond. Focus oan thae sights o' hame… the majesty o' the Forth Bridge spannin' its way wi' Victorian style o'er the water… the beauty o' Loch Ness, its steep sides plungin' deep intae its mystery, housing its big beastie safe… the smooth sleek St Andrews Auld Course wi' the world's golfing history in its green groond… the gobsmackin' grandeur o' Ben Nevis, the mountain wi' its head in the clouds, the highest in the land. Focus oan the touches o' hame… the cool waters o' Loch Lomond, sae fresh, sae clear… the smooth ancient stone o' Edinburgh Castle, which whispers secrets if ye listen… the saft, wairm yarn o' yer fav'rite Arran jersey… the smooth loyal curves o' Greyfriars Bobby. Focus oan thae sounds o' Scotland... the crashin' o' the white topped waves oan the far West Coast... the coo-coorie o' the curlew flyin' across the glens... the bump-bumping o'er the cobbles o' the Royal Mile... an' the lang, low drone o' the lone piper, stirrin' yer heart, bringin' a tear tae yer een.

Aye, it's guid tae be hame in the wee country wi' the big heart. It's pure dead brilliant.

Afore Ye Go ...

Hope ye've enjoyed yer daunder through this wee book. Remember thit whitiver happens, a'thing passes an' whit's fur ye will no go by ye. Yer thoughts will a'ways race aroond yer napper like wan o' thae Formula wan motors driven by a wee gadgie in wan o' thae stretchy suits, sae there's nae point tryin' tae keep up wi' 'em! Let 'em race awa' while ye keep bringin' yersel' richt back intae the here an' noo. Ye've got a'thing ye need in this maument. Jist remember tae stop an' smell the daffies.

Lang may yer lum reek.

Mindfooness Colouring...

Crayons Oot!

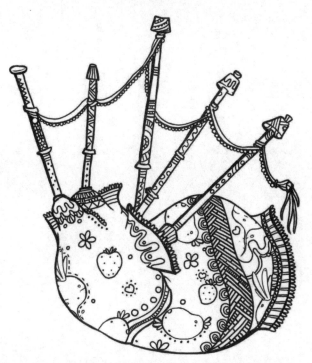